クラスで使える！ストレスマネジメント授業プログラム
『心のメッセージを変えて気持ちの温度計を上げよう』

竹田伸也 著

遠見書房

はじめに

　このプログラムは，学級単位で学校現場の先生が小学生〜中学生のストレスマネジメント授業を実践することを目的として作成されました。

　このプログラムが生まれたのは，ひとりの養護教諭との出会いがきっかけです。その先生は，私が勤務する鳥取大学大学院に内地留学生として学んでいた先生でした。内地留学を終えたその先生から，「学校現場では，自分の思い込みに振り回されて，つらくなったり不適応をきたしたりする子どもがいる。認知療法を使ったストレスマネジメント授業のようなものがあれば」という話を伺いました。それを聞いて，私はそうしたプログラムを作ってみようと思い立ちました。ただし，プログラムは専門家が実施するのではなく，あくまでも学校現場の先生が実践できるものにしようと考えました。専門家が実践しないとできないようなプログラムだと，たとえそれが有効であったとしても普及するには限界があるし，子どもたちの様子を一番近くで理解している先生が行うストレスマネジメント授業にこそ，子どもにとって意味があると思ったからです。

はじめに　☆

専門家でなくても現場の先生が無理なく実践できるようにするには，誰が行っても同質の授業が展開できるような仕掛けが必要です。そこで，パワーポイントにそって授業が行えるようプログラムを作成しました。現場の先生方からは，「忙しい学校現場で教員が実践するとなると，できるだけ短い時間で完結するプログラムが望ましい」とのアドバイスを受けたので，45分1コマの授業を2コマで完結するプログラムを作成し，私が小学生を相手に実際に授業を行ってみました。

　結果は，散々でした。子どもたちの表情がいまいちなのです。それに，あまりにも情報量が多いためプログラムをこなすのに精一杯で，私自身全然楽しくないのです。授業をしているこちらが楽しくないのなら，子どもたちも楽しくないに決まっています。追い打ちをかけるように，授業が終わったあと，見学していた先生たちから「あんなにたくさんのことを伝えることはできない。それに，現場で広く普及したいのであれば，2コマの授業はやはり多い。1コマにしてほしい」と指摘を受けました。当初，認知療法の基本的な枠組みをしっかりと取り入れたプログラムにしようと考えていた私は，1コマでそれをするなんて不可能だと思いました。そんなとき，アップル社のスティーブ・ジョブズのエピソードを思い出しました。彼は，技術者たちの作ったノートパソコンを彼らの目の前でたたき落とし，もっと小さくて機能的なものを作るよう命じ，技術者たちは無理だと思いながら実際コンパクトで機能的な端末を作ったのです。そのエピソードが追い風となり，私は1コマでできるストレスマネジメント授業を作ってみようと思いました。

　☆　はじめに

そうして，この『心のメッセージを変えて気持ちの温度計を上げよう』プログラムが完成したのです。私は，再び小学生を相手に授業をしてみたのですが，前回のものとまったく違いました。子どもたちの反応が，ビックリするほどよいのです。何よりも，授業をしている私がとても楽しかったのを，今でもハッキリと覚えています。見学していた先生たちの反応も上々で，「これならすぐにでも使えるし，何よりも子どもたちが楽しそう」と，嬉しい感想を返してくれました。完成してからは，県内外の多くの小中学校の先生と子どもたちが，このプログラムの有効性を確認するために協力してくれました。それによると，このプログラムを作成したねらいであるストレスマネジメント効果が十分にあることが明らかとなりました。そうして今，先生方にこのプログラムをお届けすることができるに至ったのです。

　このプログラムを作成するにあたり，平成 24 年度日教弘本部奨励金の研究助成を受けました。また，このプログラムは，かつての教え子である沖縄大学の松尾理沙さんと鳥取医療センターの太田真貴さんと一緒に作成し，イラストは兵庫教育大学大学院の大塚美菜子さんに描いてもらいました。そして，このプログラムがたくさんの先生方にご活用いただき，それによって一人でも多くの子どもたちのストレスマネジメントに資することを願い，遠見書房の山内俊介さんに製品作業をお願いしました。たくさんの方々の協力を得て，いろんな人々の想いが形となって，このプログラムができあがりました。ご協力いただいた皆さまに，心からの感謝の気持ちを伝えたいと思います。ありがとうございました。

はじめに　☆

このプログラムが，手に取っていただいた先生によって楽しく実践され，それによって子どもたちの健やかな成長に役立つことを，心より願っています。

2015年2月

竹田伸也

☆　はじめに

もくじ

はじめに　3

第1部　『心のメッセージを変えて気持ちの温度計を上げよう』プログラム……って何？

ステップ1　プログラムの概要………………………………　10

ステップ2　プログラムのねらい……………………………　14

ステップ3　プログラムの効果………………………………　18

第2部　『心のメッセージを変えて気持ちの温度計を上げよう』プログラム説明書

説明書諸注意……………………………………………………　22

スライド1枚目…………………………………………………　24

スライド2枚目…………………………………………………　26

スライド3枚目…………………………………………………　28

スライド4枚目…………………………………………………　30

スライド5枚目…………………………………………………　32

スライド6枚目…………………………………………………　34

スライド7枚目…………………………………………………　36

スライド8枚目…………………………………………………　38

スライド9枚目…………………………………………………　40

スライド10枚目…………………………………………………　42

スライド 11 枚目	44
スライド 12 枚目	46
スライド 13 枚目	48
スライド 14 枚目	50
スライド 15 枚目	52
スライド 16 枚目	54
スライド 17 枚目	56
スライド 18 枚目	58
スライド 19 枚目	60
スライド 20 枚目	62
スライド 21 枚目	64
スライド 22 枚目	66
スライド 23 枚目	70
スライド 24 枚目	72
スライド 25 枚目	74
スライド 26 枚目	77
スライド 27 枚目	79
スライド 28 枚目	82

おわりに　84

付録 CD-ROM の内容　89

ワークシート＋ユガミンシート販売のお知らせ　92

☆　もくじ

第１部

『心のメッセージを変えて気持ちの温度計
を上げよう』プログラム
……って何？

ステップ1

プログラムの概要

　このプログラムは，認知療法を応用したストレスマネジメント授業です。認知療法の知識がなくても，パワーポイントを用いて誰でも簡単に授業を行うことができます。また，1回の授業で終了するので，授業を実施する教師にとって負担が少なく，年間授業計画を大きく変更しなくても実施することができます。また，子どもの動機づけを高めるようなワークから構成されているので，子どもは楽しみながら授業を体験することができます。

1）プログラム名

　このプログラムは，『心のメッセージを変えて気持ちの温度計を上げよう』という名称です。

2）対象学年

　このプログラムは，小学校4年生から中学校3年生までを対象と

☆　第1部　『心のメッセージを変えて気持ちの温度計を上げよう』プログラム……って何？

しています。

3）実施者

このプログラムは，学級担任または養護教諭が実施します。もちろん，それ以外の教員やスクールカウンセラーが実施することも可能です。

4）実施場所

このプログラムは，各教室においてクラス単位で実施します。保健室登校をしている児童や生徒を対象として，保健室でも行うことができます。

5）実施人数

人数に特に制限は設けていませんが，終了時にグループごとに発表を行うので，クラスの人数が多い大規模学校ではクラス単位で実施するようにしてください。クラスの人数が少ない小規模学校では，学年単位で実施することもできます。プログラムは，4〜6人のグループ（班）を構成して，グループ単位でプログラムに用意されたワークを行います。

6）実施時間

このプログラムは，45分1コマの授業で終了します。時期は，いつ行っても構いません。

ステップ1　プログラムの概要　☆

7）活動形態

プログラムでは，ペアでの活動，個人での活動，4～6人のグループでの活動と続きます。グループで話し合いがしやすいように，グループごとに机を向かい合って並べるようにしてください。

8）準備物

この授業を始めるために，以下の5点を準備してください。

　①本プログラムのパワーポイントのスライドショー用のデータ（本書同梱 CD-ROM）
　②プロジェクターとパソコン（マイクロソフトの PowerPoint ®2010 で作成した .ppsx ファイルを開けること）
　③ワークシート（人数分）〔本書同梱 CD-ROM〕
　④ユガミンシート（人数分）〔本書同梱 CD-ROM〕
　⑤A3 用紙（グループ数分）
　⑥黒マジック，カラーマジック（何色でも可）または色鉛筆（グループ数分）

9）授業の流れ

各時間はおおよそであり，実際の授業では臨機応変にアレンジしても構いません。

　①導入（プラスとマイナスのメッセージをペアでノンバーバル

☆　第1部『心のメッセージを変えて気持ちの温度計を上げよう』プログラム……って何？

に表現）　5分

　②展開（メッセージ（考え）と気持ちの関係についての説明）
　　10分

　③グループワーク（プラスのメッセージとキャラクター作り）
　　とまとめ　30分

10）授業の進め方

　授業は，22ページから紹介するマニュアルに従って進めてください。基本的には，パワーポイントに書いていることを読むだけで授業が進められるようになっています。パワーポイントは，アニメーションを使用していますので，事前にパワーポイントを動かしてみて，マニュアルと対応させて予習を行った後に授業を始めてください。

ステップ1　プログラムの概要　☆

ステップ2

プログラムのねらい

　このプログラムは，認知療法を応用したストレスマネジメント授業です。認知療法とは，心の健康を回復するための治療的アプローチですが，心の健康を保つためのセルフヘルプの技法としても有効です。認知療法を応用した本プログラムには，3つのねらいがあります。

1）考えによって気持ちが変わることを理解する

　私たちの気持ちは，その時の出来事の影響を受けるのではなく，その時に浮かぶ考えの影響を強く受けます。たとえば，いつも楽しく話しかけてくれる友達が，今日は顔を合わせても声をかけてくれないという出来事を想像してください。このとき，「感じ悪いやつだ！」と考えると腹が立ちます。「私が何か気に障ることでもしたのかな」と考えると不安になります。しかし，「何か事情があって元気がないのかも」と考えると，嫌な気持ちにはなりません。このように，同じ出来事であっても，そのときにどのような考えが浮か

☆　第1部　『心のメッセージを変えて気持ちの温度計を上げよう』プログラム……って何？

ぶかによって，気持ちはまったく違ったものになるのです。

　突然キレだす子ども。ドキドキして学校に行けない子ども。気持ちが沈んで口を利かない子ども。彼らがそのような気持ちに陥ってしまうのは，そうなってしまう考えが頭のなかに浮かんでいるからなのです。自分のネガティブな気持ちが，そのときに浮かんでいる考えの影響で生じていたのがわかると，子どもたちは自分の問題をより具体的に理解することができます。そして，考えによって気持ちが変わるということが理解できると，「ネガティブな気持ちに対処するために，考えを変えよう」という意欲が高まります。

2）自分の考え方のクセを理解する

　同じ出来事なのに，人によって考え方が違うのは，人それぞれが持つ考え方のクセが異なるからです。ネガティブな考えに陥ってしまうのは，状況の解釈や理解の仕方にあやまりがあるためです。このような考え方のクセのことを，認知の歪(ゆが)みといいます（竹田，2012a）。認知の歪みに気づくことができると，自分の考えの極端さや偏りがわかるので，ネガティブな考えの影響力が弱まり，より現実的な考えへと変えやすくなります。

　私たちは，認知の歪みを身近なものとして親しみやすく理解しやすいように，「ユガミン」というキャラクターにしました（竹田ら，2012b）。ユガミンを用いて自分の考え方のクセを外在化することで，人はより自分の考え方を客観的に眺めることができるようになります。そして，ユガミン自体がかわいいキャラクターたちなので，自分のなかにその特徴を見つけても，自己嫌悪に陥らず，考え方の

ステップ2　プログラムのねらい　☆

クセを受け入れやすくなります。ユガミンは全部で8匹いますが，子どもに表れやすいユガミンとして，プログラムでは4匹のユガミンを登場させています。

プログラムでは，子どもたちが遭遇しやすい出来事をもとに，4匹のユガミンによってそれぞれどのような考えに陥りやすいかを解説しています。ですので，子どもたちには考え方のクセが理解しやすく，また考え方のクセによってどのような考えが浮かびやすくなるかが想像しやすくなります。

3）柔軟な考え方ができるようになる

考えは，気持ちに影響を与えるばかりではなく，行動にまで大きな影響を及ぼします。たとえば，「学校に行っても，みんなから無視されるに違いない」と考えると，学校に行けなくなるかもしれません。「みんなは僕のことをバカにしてるんだ」と考えると，周囲に対して攻撃的な行動をとるかもしれません。このように，子どもの不適応は，頭に浮かんだ考えを鵜呑みにすることによって起こったりひどくなったりします。また，そのときの出来事を自分にとって脅威だと考えすぎたり，自分には対処できないと思いすぎたりしてしまうと，ストレスを強めることもわかっています。

認知療法をストレスマネジメントに応用する意義は，まさにこの

点にあります。認知療法によって，子どもは柔軟な考えが促され，ストレスに対処したり，不適応に陥るのを防ぐことができたりするのです。しかし，認知療法を最初から最後まで実践しようとすると，とても1回の授業では間に合いません。そこで，このプログラムでは，子どもにとって現実的な考えを見つけやすくする質問に答えてもらったり，グループワークを通して他の子どもたちの意見を聞いたりすることで，柔軟な考え方ができるように工夫しています。また，気持ちよいメッセージを届けてくれるようなキャラクターを子どもたちに考えてもらうことにより，「ネガティブな考えを鵜呑みにせず，柔軟に考えてみる」という態度を養うことをねらいとしています。

ステップ 3

プログラムの効果

　プログラムの効果を検証するために，プログラムを実施した 10 カ所の公立小学校の児童 172 名と，プログラムを実施しなかった 2 カ所の公立小学校の児童 100 名を比較しました。その結果，以下のことがわかりました（Takeda et al., 2014）。

①「ストレス反応」は，プログラムを実施しなかった児童では変化を認めなかったものの，プログラムを実施した児童では有意に改善しました（$F = 21.5$，$p < 0.001$）。

②「自分の気持ちに気づく自信」は，プログラムを実施しなかった児童では変化を認めなかったものの，プログラムを実施した児童では有意に向上しました（$F = 27.0$，$p < 0.001$）。

③「自分の考えに気づく自信」は，プログラムを実施しなかった児童では変化を認めなかったものの，プログラムを実施した児童では有意に向上しました（$F = 28.1$，$p < 0.001$）。

☆　第 1 部　『心のメッセージを変えて気持ちの温度計を上げよう』プログラム……って何？

④「考えが変わると気持ちも変わることへの理解」は，プログラムを実施しなかった児童では変化を認めなかったものの，プログラムを実施した児童では有意に向上しました（F ＝ 23.9，p ＜ 0.001）。

⑤「嫌な気持ちになったら自分の考えをふり返る自信」は，プログラムを実施しなかった児童では変化を認めなかったものの，プログラムを実施した児童では有意に向上しました（F ＝ 10.4，p ＜ 0.001）。

⑥「ネガティブな考えをポジティブな考えに変える自信」は，プログラムを実施しなかった児童では変化を認めなかったものの，プログラムを実施した児童では有意に向上しました（F ＝ 34.1，p ＜ 0.001）。

つまり，このプログラムを用いた授業を受けると，子どもたちのストレスは改善され，自分の気持ちや考えに気づく自信が高まり，嫌な気持ちになったら自分の考えをみつめ直して，柔軟な考えに変えることができるという，プログラムのねらいとしたことが身につくことが明らかとなりました。

一方，プログラムを用いた授業を実際に行った 19 名の先生から，プログラムについてフィードバックを求めました（太田ら，2014）。その結果，授業の進め方については，「とても簡単だった」が 5 名，「やや簡単だった」が 13 名，「どちらともいえない」が 1 名でした。プログラムの使いやすさについては，「とても使いやすかった」が 15 名，「やや使いやすかった」が 4 名でした。子ども

ステップ 3　プログラムの効果　☆

たちの取り組みについては,「とても意欲的だった」が14名,「やや意欲的だった」が5名でした。他の教師への推奨については,「とても勧めたい」が13名,「やや勧めたい」が6名でした。このように,プログラムを実施した先生たちからも大変好評であり,ネガティブな評価はありませんでした。

　本プログラムは,これらの研究結果を受けて,現場の先生がさらに使いやすいように改良されています。

引用文献

竹田伸也:『マイナス思考と上手につきあう認知療法トレーニング・ブック』セラピスト・マニュアル. 遠見書房. 2012a.

竹田伸也:マイナス思考と上手につきあう認知療法トレーニング・ブック―心の柔軟体操でつらい気持ちと折り合う力をつける. 遠見書房. 2012b.

Takeda, S., Matsuo, R., Ota, M.: Development of the Stress Management Program for Children (2): School-Based Stress Management program for children. International Journal of Behavioral Medicine, 21, Supplement1, 20, 2014.

太田真貴・竹田伸也・松尾理沙・大塚美菜子:小学校における認知療法を応用したストレスマネジメント・プログラムの有効性. 日本認知・行動療法学会第40回大会発表論文集, 2014; pp.152-153.

☆　第1部 『心のメッセージを変えて気持ちの温度計を上げよう』プログラム……って何？

第2部

『心のメッセージを変えて気持ちの温度計を上げよう』プログラム
説明書

説明書諸注意

始める前に先生にお伝えしたいこと

　説明書をお読みになって，次のような考えが浮かんでこないか，ご自分のココロの中をふり返ってみてください。「わぁ，なんか難しそう」，「こんなにたくさんシナリオを覚えられないよ」，「この通りに進めるなんて，できるかなぁ」などなど……。

　このような考えが浮かんでくるのは，「やるからには，マニュアル通りにちゃんとすべき」とか「最初から最後まで，ミスをせずにうまくやらないといけない」のように，あなたが思っているからなのかもしれません。これって，「すべき思考」や「完璧主義」とか，あなたの考え方のクセの表れですね。

　このプログラムは，認知療法を応用しています。認知療法は，考え方のクセに振り回されず，柔軟に考えられることを目標としています。あなたのココロの中に，自分を追い込んだりプレッシャーを高めたりするような考えが浮かんでいたら，まずはそれをご自分で和らげてください。

　これから先の説明書に書かれていることは，パワーポイントに記されていることとほぼ同じです。シナリオに記されている流れを細かく覚えなくても，パワーポイントの中のプログラムがあなたを始

めから終わりまで優しく導いてくれます。

　ですから，シナリオを覚える必要はありません。ましてや，シナリオ通りの言葉が口から出てこなくても大丈夫です。全体の流れを事前に軽く予習して，本番ではあなたの口から出てくる自由な言葉を楽しんでください。

　このストレスマネジメント授業を，子どもたちと一緒に楽しんでいただく。それが，プログラムを実施するまえに，あなたに伝えておきたい諸注意です。

スライド1枚目

【シナリオ】

「みんなは，クヨクヨ考えてしまって辛くなることってないかな。これからすることは，クヨクヨしないですむ方法を楽しく身につけることです」のように，授業の目的を簡単に説明します。

【解説】

タイトルページです。細かい説明はしなくてかまいません。タイトルについて質問が挙がっても，「それはあとのお楽しみ」などと返し，詳しく説明しないようにします。

スライド1枚目

心のメッセージを変えて
気持ちの温度計を
上げよう

制作：鳥取大学大学院竹田研究室
イラスト：大塚美菜子

スライド1枚目　☆

スライド2枚目

【シナリオ】

「最初に，ちょっと面白いことをしてみよう」と説明し，クリックします。

アニメーションに従って，近くにいる人とペアになってもらい，メッセージを伝える人，受け取る人をそれぞれ決めてもらいます。メッセージを受け取る人に挙手してもらい，「今手を上げた人は，目を閉じて。決して前を見ないでください」と説明します。

一方が目を閉じているのを確認し，メッセージを伝える人には前を見てもらい，スライドを進めます。

【解説】

これから，言葉を使わずに表情や接触を通して，映し出されたメッセージを相手に伝えるワークを行います。メッセージには，プラスとマイナスがあることの理解を促すことと，ウォーミングアップが狙いです。

相手に触れるので,同性同士でペアを組んでもらうようにします。奇数のためペアが組めないような子どもがいたら，その子どもたちだけ3人組になってもらいます。

☆　第2部　『心のメッセージを変えて気持ちの温度計を上げよう』プログラム 説明書

スライド2枚目

近くにいる人と、二人組になってください。

これから、あるメッセージをうつします。

それを、表情とふれることだけで、相手につたえてください。

決して、しゃべってはいけません！

メッセージを伝える人と、受け取る人を決めてください。

スライド2枚目　☆

スライド3枚目

【シナリオ】

　クリックしてメッセージを出し，「まずは，このメッセージです。覚えましたか」と伝えます。数秒ほど時間をおいて，クリックしてメッセージを消し，「はい。目を開けてください。じゃあ，表情と触れることで，メッセージを伝えてみて」と伝え，メッセージの伝達を始めてもらいます。

　程よい頃を見計らって，「じゃあ，そこでいったん止めて，メッセージを受け取る人はもう一度目を閉じてください」と伝えます。

【解説】

　最初は，マイナスのメッセージです。

　スライドに従って，映し出されるメッセージを，表情と触れることだけで相手に伝えてもらいます。あまり時間をとりすぎないようにしましょう。一方が1回でもメッセージを伝えられたようなら，次に進みます。

　このスライドに切り替えてクリックすると，メッセージが表れます。メッセージを受け取る人が閉眼していないうちにメッセージが出ないように注意してください。

☆　第2部　『心のメッセージを変えて気持ちの温度計を上げよう』プログラム 説明書

スライド3枚目

もっとがんばりなさい！

スライド3枚目　☆

スライド4枚目

【シナリオ】

　一方が目を閉じているのを確認して，クリックしてメッセージを出します。

　「今度は，このメッセージです。覚えましたか」と伝えます。数秒ほど時間をおいて，クリックしてメッセージを消し，「はい。目を開けてください。じゃあ，表情と触れることで，メッセージを伝えてみてください」と伝え，メッセージの伝達を始めてもらいます。

　程よい頃を見計らって，スライドを進めます。

【解説】

　次は，プラスのメッセージです。

　スライドに従って，映し出されるメッセージを，表情と触れることだけで相手に伝えてもらいます。あまり時間をとりすぎないようにしましょう。一方が1回でもメッセージを伝えられたようなら，次に進みます。

　このスライドに切り替えてクリックすると，メッセージが表れます。メッセージを受け取る人が閉眼していないうちにメッセージが出ないように注意してください。

☆　第2部　『心のメッセージを変えて気持ちの温度計を上げよう』プログラム 説明書

スライド4枚目

いつもよくがんばってるね♥

スライド4枚目 ☆

スライド5枚目

【シナリオ】

「答え合わせをしてみて」と伝え，2つのメッセージの答え合わせをペアで行ってもらいます。メッセージが当たっていたペアに挙手してもらい，手が上がったペアには，「息が合ってるね」などと褒めます。

「今度は，メッセージを伝える人と受け取る人を交代しよう。メッセージを受け取る人は手を上げて」と言い，挙手したのを確認して，「今手を上げた人は，目を閉じて下さい」と言って，目を閉じさせます。

一方が目を閉じているのを確認し，メッセージを伝える人には前を見てもらい，スライドを進めます。

【解説】

メッセージの答え合わせを行います。正解不正解を問うものではないので，間違っていてもかまいません。

答え合わせが終わると，役割を交代してもらいます。

☆ 第2部 『心のメッセージを変えて気持ちの温度計を上げよう』プログラム 説明書

スライド5枚目

答え合わせをしてみよう！
当たってるかな？

メッセージを伝える人と、
受け取る人をこうたいしよう！

スライド5枚目　☆

スライド6枚目

【シナリオ】

　クリックしてメッセージを出し,「まずは,このメッセージです。覚えましたか」と伝えます。数秒ほど時間をおいて,クリックしてメッセージを消し,「はい。目を開けてください。じゃあ,表情と触れることで,メッセージを伝えてみて」と伝え,メッセージの伝達を始めてもらいます。

　程よい頃を見計らって,「じゃあ,そこでいったん止めて,メッセージを受け取る人はもう一度目を閉じてください」と言います。

【解説】

　1つ目は,マイナスのメッセージです。

　スライドに従って,映し出されるメッセージを,表情と触れることだけで相手に伝えてもらいます。あまり時間をとりすぎないようにしましょう。一方が1回でもメッセージを伝えられたようなら,次に進みます。

　このスライドに切り替えてクリックすると,メッセージが表れます。メッセージを受け取る人が閉眼していないうちにメッセージが出ないように注意してください。

☆　第2部　『心のメッセージを変えて気持ちの温度計を上げよう』プログラム 説明書

スライド６枚目

今のあなたはダメだ！

スライド６枚目　☆

スライド7枚目

【シナリオ】

　一方が目を閉じているのを確認して，クリックしてメッセージを出します。

　「今度は，このメッセージです。覚えましたか」と伝えます。数秒ほど時間をおいて，クリックしてメッセージを消し，「はい。目を開けてください。じゃあ，表情と触れることで，メッセージを伝えてみて」と伝え，メッセージの伝達を始めてもらいます。

　程よい頃を見計らって，スライドを進めます。

【解説】

　次の2つ目は，プラスのメッセージです。

　スライドに従って，映し出されるメッセージを，表情と触れることだけで相手に伝えてもらいます。あまり時間をとりすぎないようにしましょう。一方が1回でもメッセージを伝えられたようなら，次に進みます。

　このスライドに切り替えてクリックすると，メッセージが表れます。メッセージを受け取る人が閉眼していないうちにメッセージが出ないように注意してください。

☆　第2部 『心のメッセージを変えて気持ちの温度計を上げよう』プログラム 説明書

スライド７枚目

今のあなたのままでいいよ♥

スライド７枚目　☆

スライド8枚目

【シナリオ】

「答え合わせをしてみて」と伝え，2つのメッセージの答え合わせをペアで行ってもらいます。

メッセージが当たっていたペアに挙手してもらい，手が上がったペアには，「息が合ってるね」などと褒めます。

答え合わせが終わると前に注目してもらい，「当たらなかったとしても，始めと次とでは違う感じがしなかった？」と尋ね，最初と最後のメッセージの違いに気づいてもらいます。

【解説】

1つ目のメッセージと2つ目のメッセージの違いに，子どもたちに注目させます。そうすることで，ノンバーバル（非言語）で伝えるメッセージであっても，その内容によって違いがあることに気づいてもらいます。

☆ 第2部 『心のメッセージを変えて気持ちの温度計を上げよう』プログラム 説明書

スライド8枚目

答え合わせをしてみよう!
当たってるかな?

最初と最後とでは、違う感じ
がしなかった?

スライド8枚目　☆

スライド9枚目

【シナリオ】

「最初のメッセージはちょっと嫌な感じがしたよね」と伝え，クリックして次の文章を出し，「だけど，あとのメッセージは気持ちよい感じがしなかった？」と尋ねてください。

【解説】

　メッセージには，心地よいメッセージと不快なメッセージがあることへの理解を促します。1つ目のメッセージは嫌な感じがしたけど，2つ目のメッセージは気持ちよい感じがしたことに気づいてもらいます。

☆　第2部　『心のメッセージを変えて気持ちの温度計を上げよう』プログラム 説明書

スライド9枚目

最初のメッセージはちょっと嫌な感じがしたよね。

でも、あとのメッセージはちょっと気持ちよくなったよね！

スライド9枚目　☆

スライド10枚目

【シナリオ】

「メッセージには,このように『マイナスのメッセージ』と『プラスのメッセージ』があります。それと同じように,私たちの頭の中に浮かぶ考えにも,プラスとマイナスがあります」と伝えます。

【解説】

　メッセージにマイナスのものとプラスのものがあることに気づかせることで,考えにもポジティブな考えとネガティブな考えがあることを理解してもらいます。

☆　第2部　『心のメッセージを変えて気持ちの温度計を上げよう』プログラム 説明書

スライド 10 枚目

メッセージ（考え）には
マイナスのメッセージと
プラスのメッセージが
あります！

スライド 10 枚目　☆

スライド11枚目

【シナリオ】

　『心のなかに』の文字が出てきたら，クリックして『マイナスのメッセージが浮かぶと』を出し，「マイナスのメッセージが浮かぶと，気持ちはどうなる？」と尋ね，子どもたちに考えさせます。

　子どもたちからさまざまなネガティブな気持ちが挙がったら，クリックして『嫌な気持ちになる』を出し，「そうだよね。嫌な気持ちになるよね」と伝えます。

　そして，クリックして『プラスのメッセージが浮かぶと』を出し，「心の中にプラスのメッセージが浮かぶと，気持ちはどうなるかな？」と尋ね，子どもたちに考えさせます。

　子どもたちからさまざまなポジティブな気持ちが挙がったら，クリックして『よい気持ちになる』を出し，「そうだよね。良い気持ちになるよね」と伝えます。

【解説】

　心に浮かぶメッセージがマイナスかプラスかによって，その後の気持ちが変わることを子どもたちに考えてもらいます。

　もし，子どもたちから気持ちが挙がらなければ，嫌な気持ちの例として「イライラ」「悲しい」など，良い気持ちの例として「嬉しい」

スライド 11 枚目

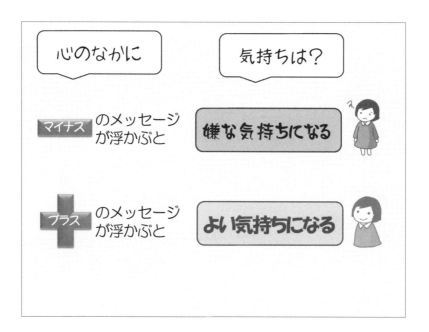

「楽しい」などを紹介してもかまいません。

スライド 11 枚目　☆

スライド 12 枚目

【シナリオ】

「マイナスのメッセージが浮かぶのは，心の中にユガミンがいるからです。4匹のユガミンを，これから紹介しましょう」と伝え，これから先の説明に興味を持たせます。

そして，ここでユガミンシートを子どもたちに配布します。

【解説】

ユガミンとは，考え方のクセをキャラクター化したものです。考え方のクセとは，認知の歪みともいい，状況の解釈や理解の仕方にあやまりがあることです。ユガミンを通して考え方のクセを知ることで，ネガティブな考えは偏っていて現実的でないことに気づくことができます。

ユガミンシートは，子どもの人数分を準備し，できればカラーで印刷してください。

☆　第2部　『心のメッセージを変えて気持ちの温度計を上げよう』プログラム 説明書

スライド 12 枚目

スライド 12 枚目　☆

スライド 13 枚目

【シナリオ】

「ユガミン1号は,ジャンパーです。ちゃんとした理由がないのに,悪い思いつきを信じ込んでしまうユガミンです」と伝えます。

【解説】

　ジャンパーとは「結論の飛躍」ともいい,根拠もないのに悪い思いつきを信じ込んでしまう考え方のクセのことです。ジャンパーと仲良くなりすぎると,良くない結果を先読みしたり,他人の考えを深読みしたりして,不安定な気持ちになります。

スライド 13 枚目

ユガミン1号：ジャンパー

ちゃんとした理由もないのに、悪い思いつきを信じちゃうユガミン

スライド 13 枚目　☆

スライド 14 枚目

【シナリオ】

「たとえば,ジャンパーと仲良しのＡさん。人がコソコソ話をしていると,ちゃんとした理由もないのに『私の悪口を言ってるんだ』と考えてしまいます」と伝えます。

【解説】

ジャンパーと仲良くなったら,どのような考えに陥りやすいかを,事例を通して説明しています。

スライド 14 枚目

ジャンパーと仲良しのAさん

人がコソコソ話をしていると、ちゃんとした理由もないのに「私の悪口を言ってるんだ」と考えてしまいます。

スライド 15 枚目

【シナリオ】

「ユガミン 2 号は，ジーブンです。なんでもかんでも自分が悪いと考えてしまうユガミンです」と伝えます。

【解説】

　ジーブンとは「自己関連づけ」ともいい，良くない出来事が起こると，自分に関係がなくても自分のせいだと考えてしまう考え方のクセのことです。ジーブンと仲良くなりすぎると，何か悪いことが起こると，自分のせいでそうなったのだと自分を責めてしまうため，自分のことが嫌いになってしまいます。

☆　第 2 部　『心のメッセージを変えて気持ちの温度計を上げよう』プログラム 説明書

スライド 15 枚目

スライド 15 枚目　☆

スライド 16 枚目

【シナリオ】

「たとえば,ジーブンと仲良しのBさん。家族や友達がイライラしていると,『私が何か悪いことをしたから怒っているのかも』と考えてしまいます」と伝えます。

【解説】

ジーブンと仲良くなったら,どのような考えに陥りやすいかを,事例を通して説明しています。

スライド 16 枚目

スライド 16 枚目 ☆

スライド 17 枚目

【シナリオ】

「ユガミン 3 号は，ラベラーです。人や物事に悪いラベル，レッテルを貼ってしまうユガミンです」と伝えます。

【解説】

ラベラーとは「ラベリング」ともいい、物事や人に「○○である」と否定的なラベル（レッテル）を貼ってしまう考え方のクセのことです。ラベラーと仲良くなりすぎると、いろんな見方ができるのに、否定的なラベル（レッテル）を貼ってしまうせいで、それ以外の見方ができなくなります。

スライド 17 枚目

スライド 17 枚目　☆

スライド 18 枚目

【シナリオ】

「たとえば,ラベラーと仲良しのCさん。『○○さんは嫌な人だ』とレッテルを貼ってしまったせいで,○○さんのよいところがみえなくなり,一緒にいるのが嫌になります」と伝えます。

【解説】

ラベラーと仲良くなったら,どのような考えに陥りやすいかを,事例を通して説明しています。

スライド 18 枚目

ラベラーと仲良しのCさん

「○○さんは嫌な人だ」とレッテルをはってしまったせいで、○○さんのよいところがみえず、一緒にいるのが嫌になります。

スライド 18 枚目　☆

スライド 19 枚目

【シナリオ】

「ユガミン4号は,ベッキーです。自分や周りの人に対して『○○すべき』と考えてしまうユガミンです」と伝えます。

【解説】

　ベッキーとは「すべき思考」ともいい,自分や他者に対して「○○すべき」「○○でなければならない」と考えてしまう考え方のクセのことです。ベッキーと仲良くなりすぎると,ルールに縛られて生活が窮屈になったり,自分や他者の失敗を許せず怒りやプレッシャーを感じやすくなったりします。

スライド19枚目

スライド19枚目 ☆

スライド 20 枚目

【シナリオ】

「たとえば,ベッキーと仲良しのDさん。『人前ではいつも笑顔でいるべきだ』と考えてしまい,辛いことがあっても,無理して笑顔を作ろうとしてしんどくなります」と伝えます。

【解説】

ベッキーと仲良くなったら,どのような考えに陥りやすいかを,事例を通して説明しています。

スライド 20 枚目

スライド21枚目

【シナリオ】

　クリックして最初の説明文を出し,「ユガミンと仲良くなると,心にマイナスのメッセージが浮かびやすくなります」と伝えます。

　その後,クリックして次の説明文を出し,「心にマイナスのメッセージが浮かぶと,気持ちの温度計がマイナスの方に下がって,嫌な気持ちになります」と伝えます。

【解説】

　ユガミンと仲良くなることで,心にマイナス思考が浮かびやすくなることを理解してもらいます。そして,マイナス思考が浮かぶと嫌な気持ちになることを,気持ちの温度計がマイナスに下がることを通して理解してもらいます。

　気持ちの温度計がマイナスに下がると,「イライラ」「悲しい」など嫌な気持ちが浮かぶことを伝えてもかまいません。

☆　第2部 『心のメッセージを変えて気持ちの温度計を上げよう』プログラム 説明書

スライド 21 枚目

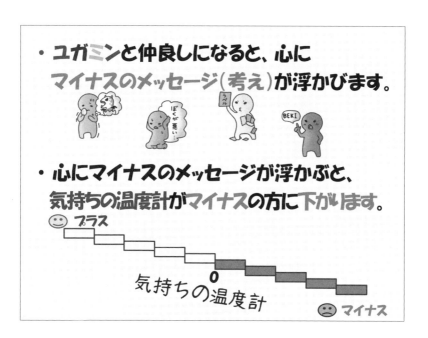

スライド 22 枚目

【シナリオ】

「ユガミンと仲良くなると，心にどんなメッセージが浮かぶかみてみよう。次のような出来事を想像してみて」と伝え，出来事を読み上げます。

クリックして『ユガミンと仲良くなると』の文字を出し，「こんな出来事の時，ユガミンと仲良くなったらどうなるかな」と伝え，クリックしてジャンパーを出します。「ジャンパーは，ちゃんとした理由がないのに悪い思いつきを信じるユガミンだったよね。どんなマイナスのメッセージが浮かぶと思う？」と尋ね，クリックして『マイナスのメッセージ』の文字を出します。子どもたちに考えてもらってから，クリックして『私のこと嫌いになったのかも』を出し，「『私のこと嫌いになったのかも』って思うかもしれないね」と伝えます。

次に，クリックしてジーブンを出し，「ジーブンと仲良くなったら，どんなマイナスのメッセージが浮かぶだろう。ジーブンは，自分が悪いって思い過ぎるユガミンだったよね」と伝えます。子どもたちに考えてもらってから，クリックして『僕がなにか悪いことをしたのかも』を出し，「『僕が何か悪いことをしたのかも』って思うかも

☆ 第 2 部 『心のメッセージを変えて気持ちの温度計を上げよう』プログラム 説明書

しれないね」と伝えます。

　次に，クリックしてラベラーを出し，「ラベラーと仲良くなったら，どんなマイナスのメッセージが浮かぶだろう。ラベラーは，悪いレッテルを貼ってしまうユガミンだったよね」と伝えます。子どもたちに考えてもらってから，クリックして『あの子は，いじわるだ！』を出し，「『あの子は意地悪だ』って思うかもしれないね」と伝えます。

　次に，クリックしてベッキーを出し，「ベッキーと仲良くなったら，どんなマイナスのメッセージが浮かぶだろう。ベッキーは，○○すべきって考えすぎてしまうユガミンだったよね」と伝えます。子どもたちに考えてもらってから，クリックして『あいさつはどんな時でもちゃんとすべきだ！』を出し，「『挨拶はどんな時でもちゃんとすべきだ』って思うかもしれないね」と伝えます。

　「ユガミンと仲良くなって浮かんでくる４つのメッセージは，どれもマイナスの考えだよね」と伝えます。その後，クリックして気持ちの温度計を出し，「こんなマイナスのメッセージが心に浮かべば，気持ちの温度計はどっちに向かいますか？」と尋ねます。子どもたちから『マイナス』という言葉を引き出し，「そうだね。マイナスに下がるよね」と伝え，クリックして温度計をマイナスに下げます。

【解説】

　同じ出来事でも，ユガミン（考え方のクセ）によってさまざまなマイナス思考が浮かび，嫌な気持ちになることを理解してもらいます。各ユガミンによって，どのようなマイナス思考が浮かびやすく

スライド 22 枚目　☆

なるかについて子どもたちに考えてもらうことで，マイナス思考が
浮かぶカラクリについての理解を促します。

　ここでの例は，ワークシートに対応しています。

☆　第２部 『心のメッセージを変えて気持ちの温度計を上げよう』プログラム 説明書

スライド 22 枚目

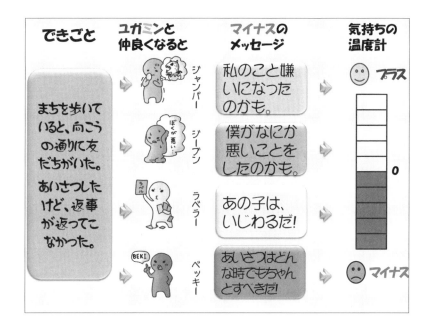

スライド 22 枚目　☆

スライド 23 枚目

【シナリオ】

『マイナスのメッセージを』の文字が自動で出てくるので，それを読み上げ，クリックして『プラスのメッセージに変えると』を出して，それを読み上げます。

そして，クリックして『気持ちの温度計がプラスに上がるよ！』を出し，「気持ちの温度計がプラス方向に上がり，良い気持ちになります。プラスのメッセージとは，優しいメッセージや気持ちよいメッセージ，安心できるメッセージのことです。落ち込んだりイライラしたり嫌な気持ちになったら，考えを変えてみることで気持ちを軽くすることができます」と伝えます。

【解説】

考えが変わると，気持ちも変わることを理解してもらいます。このスライドで，子どもたちは，不快な気分を体験したらその時浮かぶ考えを見直して変えてみたらよいことを理解します。

☆ 第 2 部 『心のメッセージを変えて気持ちの温度計を上げよう』プログラム 説明書

スライド 23 枚目

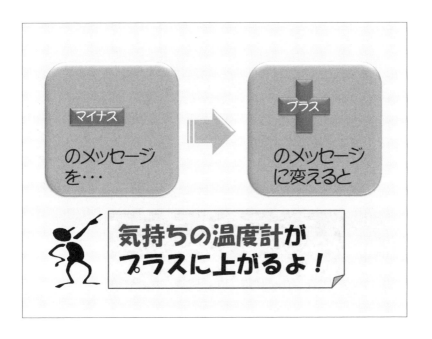

スライド 23 枚目　☆

スライド24枚目

【シナリオ】

「マイナスのメッセージをプラスのメッセージに変える練習をしてみよう」と説明し、ワークシートを全員に配布します。そして、「さっき紹介した出来事が書いてあるよ。その出来事で浮かんだマイナスのメッセージを、プラスのメッセージに変えてみよう。自分で考えたプラスのメッセージを、今配ったワークシートの『プラスのメッセージ』の中に書いてみてください」と説明します。

【解説】

これから、子どもたちにはワークシートを用いて考えを変える演習を行ってもらいます。ワークシート下段の『プラスのメッセージ』に、考えたプラスのメッセージを記入させます。ワークシートを人数分用意するのを忘れないでください。

プラスのメッセージを考えるヒントは、次のスライドに登場します。

☆　第2部 『心のメッセージを変えて気持ちの温度計を上げよう』プログラム 説明書

スライド24枚目

マイナスのメッセージを
プラスのメッセージに
変えて、気持ちの温度計
をプラスに上げよう!

スライド24枚目　☆

スライド 25 枚目

【シナリオ】

「プラスのメッセージを考えるヒントを教えます。友達が，この子のように悩んでいて，あなたに相談してきたら，何と言ってあげるかな？ その時の声かけが，プラスのメッセージだよ」と伝えます。

そして，「プラスのメッセージに，当たりやはずれはないよ。思いついたものはどんなものでもいいから考えてみよう。もし思い浮かばなかったら，グループで考えてもいいよ」と伝えます。

そして，「ただし，友達が言った意見に，『これはダメだよ』とか『こんなのできっこないよ』のようなマイナスのメッセージは言わないようにしておこうね」と伝えます。

しばらく時間を置いたら，どのようなメッセージが浮かんだか，発表させます。挙手をさせ自発的に発表させてもいいですし，グループごとに発表させてもかまいません。

【解説】

このスライドは，「プラスのメッセージ」を誰もが作れるようになるために，ヒントを提示しています。問題の渦中にあるとき，私たちは冷静に考えたり，別の考えをみつけたりすることがなかなか

できません。しかし，他人の抱えている困りごとは，距離を置いて冷静に判断できます。この理屈を応用して，「仲良しの友達が同じように悩んでいたら，何て言ってあげるか」と自問してみると，柔軟な考えが浮かびやすくなります。

ただし，子どもによっては「正解を答えないといけない」と思いすぎてしまい，思考が硬くなってしまうこともあるので，「プラスのメッセージに当たりはずれはない」と強調します。また，「1個だけでいいので考えてみて」と伝えることで，プラスのメッセージを見つけ出す難易度を下げることができます。

それでも，プラスのメッセージが浮かばない子どももいるかもしれないので，グループで考えてもよいことを伝えてください。その際，NGワード（他人の意見に否定的な言葉を言う）を言わないように強調します。グループで考えて，他の子どもたちの発想を見聞きすることが身近なモデルとなり，自分でも柔軟に考える態度が育まれます。

子どもたちが挙げたメッセージは，否定的なコメントはせず，褒めるようにしてください。

スライド 25 枚目　☆

スライド 25 枚目

プラスのメッセージをうまく考えるポイント

◎仲良しのお友達がこの子のように悩んであなたに相談したら、何て言ってあげる？

◎プラスのメッセージに、"あたり"とか"はずれ"はないよ！

◎1人1コは、プラスのメッセージを考えてみよう！

◎思い浮かばなかったら、グループのお友達と一緒に考えてもいいよ。

NGワード
"これは、ダメだよ！" "こんなのできっこないよ" など、他のお友達が考えたメッセージにマイナスのメッセージをいわないこと！

☆　第2部　『心のメッセージを変えて気持ちの温度計を上げよう』プログラム 説明書

スライド 26 枚目

【シナリオ】

「プラスのメッセージを見つけたら，気持ちの温度計を塗りつぶしてみよう」と伝えます。子どもたちが塗りつぶしたのを見計らい，クリックをして「こんな感じで，プラスのメッセージを作り出すと，気持ちの温度計もプラスに上がるね」と伝えます。

【解説】

ここでは，プラスのメッセージが浮かぶと気持ちが良くなることを，子どもたちに理解してもらいます。もし，マイナスに下がると訴える子どもがいたら，それを否定せず「考え方によってはマイナスに下がることもあるよね。そんな時は，少しでもプラスに上がるような考えを見つけてみよう」と伝えてください。

スライド 26 枚目

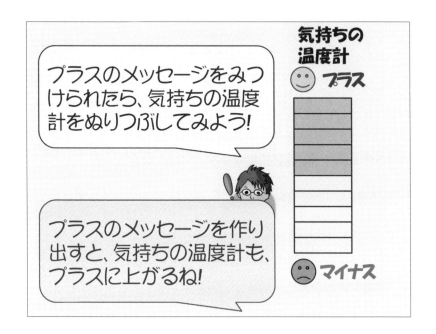

☆　第 2 部　『心のメッセージを変えて気持ちの温度計を上げよう』プログラム 説明書

スライド 27 枚目

【シナリオ】

「最後に、グループのみんなで一緒にキャラクターを作ってみよう。心の中にいると、プラスのメッセージを届けてくれそうなキャラクターをみんなで考えてください。配った紙に、キャラクターの絵と名前を書いてみよう」と伝えます。

グループごとにA3用紙を1枚と、黒マジック、カラーマジック（クレヨンや色鉛筆でも可）を配ります。

「たとえば、嫌なことがあっても、『ドンマイ』って気持ちを切り替えるのを助けてくれる『ドンマイン』みたいに、気持ちよいメッセージを届けてくれるようなキャラクターを考えてみよう」のように、先生が考えたキャラクターの例を出してもかまいません。

残りの授業時間を考慮に入れ、グループの作業が遅れていたら、適宜先へ進むように促してください。

各グループの完成を見計らって、1グループずつ前に出てもらい、キャラクターの名前とそのキャラクターが心にいたらどんな時にどのようなプラスのメッセージを届けてくれるかを発表してもらいます。

キャラクターは、黒板（ホワイトボード）に貼り出してください。

スライド 27 枚目　☆

【解説】

　ここでは，つらい状況でプラスのメッセージを届けてくれそうなキャラクターをグループで考えます。どのような状況であっても，ポジティブな考えが生まれやすくすることを狙いとしています。

　各キャラクターの紙を黒板（ホワイトボード）に貼り出すと，グループごとのキャラクターが黒板一杯に埋まり，楽しい雰囲気で終わることができます。

　子どもたちの発言には否定的なコメントは加えず，褒めるようにしてください。

　ちなみに，キャラクターは授業が終わったあともしばらく教室に掲示したり，グループごとにコピーしてプレゼントしたりすると，「嫌なことがあっても，柔軟に考えよう」という態度を後々まで持続させることができます。

81

スライド 27 枚目

最後に、グループで
プラスのメッセージを
届けてくれるような
キャラクターを
考えてみよう！

スライド 27 枚目　☆

スライド 28 枚目

【シナリオ】

　クリックをして出てきた文章を，そのまま読み上げてください。最後まで読み上げたら，終了です。

【解説】

　このスライドで，授業全体のまとめを行います。
　子どもたちからの質問があれば，適宜答えてあげてください。

☆　第 2 部　『心のメッセージを変えて気持ちの温度計を上げよう』プログラム 説明書

スライド 28 枚目

今日の授業のまとめ
- メッセージには、プラスのメッセージとマイナスのメッセージがある。
- マイナスのメッセージが浮かぶと、嫌な気持ちになる。
- プラスのメッセージが浮かぶと、よい気持ちになる。
- 嫌なことがあったら、キャラクターを思い出してプラスのメッセージを作ろう！

スライド 28 枚目　☆

おわりに

　最後に，私がある小学校で行った授業で，子どもたちが作ってくれたキャラクターを紹介しましょう。これを創作してくれたのは，6年生です。

　最初は，「プラスレンジャー」落ち込んだときにやってきて，前向きなメッセージを届けてくれる頼もしいヒーローです。

　次に，「キニーマン」嫌なことがあると，「元気にいこう」とか「前向きにいこう」のような明るいメッセージを，いつでも飛んできて届けてくれます。

☆　おわりに

3つ目は,「マエムッキー」後ろ向きな考えでクヨクヨしているときに,気持ちが軽くなるようなメッセージを届けてくれます。

4つ目は「マエムキー」3つ目と名前が似ていますが,キャラクターはまったく違います。転んでもまた元気に前に向かっていこうよって元気なメッセージを届けてくれます。

おわりに　☆

マエムキー

　5つ目は,「まーいっかマン」悔やんでしまうことがあっても,「まーいっか」と悔やんだことから距離をとるのを助けてくれます。

　最後は,「ダイジョブー」気になることがあっても,「大丈夫だよ」と優しく励ましてくれます。

☆　おわりに

ダイジョブー

　いかがですか？　みているだけで，ココロが和んだり，嫌なことがフニャッと小さくなっていったりするように思いませんか。このプログラムを行った多くのクラスから，子どもたちに心地よいメッセージを届けてくれるたくさんのキャラクターが生まれています。ストレスを感じる出来事はさまざまですが，どんなときでも安心できるメッセージを届けてくれるキャラクターがいる。それも，自分たちで生みだしたかわいいキャラクターが。こうしたキャラクターがココロの中にいて，嫌なことがあるとそのキャラクターを通してポジティブな考えを作りだす。そんなことを繰り返しているうちに，子どもたちの考え方の幅は広がり，物事を柔軟に捉える態度が育まれていくように思います。

　このプログラムを使った先生方から，嬉しい便りをいただくことがあります。ある先生は，ワークシートのバージョンを増やし，子どもたちに起こりやすいさまざま出来事を用いて，考え方の幅を広

おわりに　☆

げる態度を育む授業を展開しています。ある先生は，中学3年生を対象とした授業で，グループでキャラクターを作るところを，生徒が個別にキャラクターを作ってみることを試してみました。このように，このプログラムを実践した先生方の多くは，プログラムが終わったあと，子どもたちのストレスマネジメント力をさらに拡げるために，プログラムを独自に発展させています。そうした意味で，このプログラムは1回の授業で完結というわけではなく，先生方の新たな発想で拡がっていく，「子どもたちの柔軟な考え方を育む物語」のプロローグなのかもしれません。

　まずは，このプログラムを使って授業を行ってください。そして，そこから生まれてくるいろんなアイデアに揺り動かされて，ストレスマネジメント授業の自由な発展を楽しんでみてください。

☆　おわりに

付録 CD-ROM の内容

心のメッセージを変えて気持ちの温度計を上げよう.ppsx

　本書のプログラムのパワーポイント スイライドショー用のデータ。PowerPoint®2010 で作成しています。2013 では問題なく作動します。2007 では 1 カ所アニメーションが動かないところがありますが，授業に問題が出ることはない箇所です。それ以前のバージョンやその他のプレゼンテーション・ソフトでの動作は確認していません。ウィンドウズでの動作は確認していますが，マッキントッシュ OS などでの動作は確認していません。

　PowerPoint® の操作については，プログラム説明書をご覧ください。

ワークシート.pdf

児童生徒用に配布するワークシートの原版です。

原版は，下のように書き込みスタイルになっています。

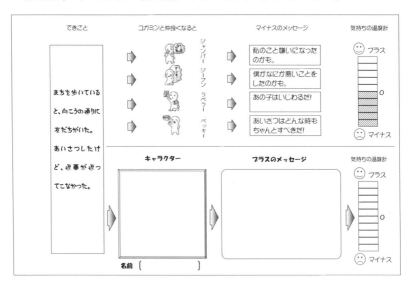

プリントアウトして配布可能です。

☆　付録 CD-ROM の内容

ユガミンシート.pdf

児童生徒用に配布するユガミンシートの原版です。

プリントアウトして配布可能です。

カラー印刷推奨です。

付録 CD-ROM の内容　☆

ビデオ：心のメッセージを変えて気持ちの温度計を上げよう.mp4

PowerPoint® のスライドショーを動画にしたものです。タイミングなど若干早いところがあります。音声はありません。

ワークシート＋ユガミンシート販売のお知らせ

　遠見書房では,「ワークシート」「ユガミンシート（カラー）」を印刷したものを 100 枚 1 セット，3,000 円（税別）で販売いたします。書籍扱いとなりますので，一般書店，ネット書店のほか，教材図書販売会社等での取り扱いも可能です。直接販売もいたしております。

　書籍コードは，ISBN978-4-904536-87-2 です。

　電子メール（tomi@tomishobo.com）か，FAX（050-3488-3894）でご注文ください。

☆　付録 CD-ROM の内容

著者略歴

竹田伸也（たけだ・しんや）　鳥取大学大学院医学系研究科臨床心理学専攻教授。博士(医学)。香川県丸亀市生まれ。鳥取大学大学院医学系研究科医学専攻博士課程修了。鳥取生協病院臨床心理士，広島国際大学心理科学部講師，鳥取大学大学院医学系研究科講師，准教授を経て現職。日本老年精神医学会評議員，日本認知症予防学会代議員等を務める。「生きづらさを抱えた人が，生まれてきてよかったと思える社会の実現」を臨床研究者としてもっとも大切にしたい価値に掲げ，研究，臨床，教育，執筆，講演等を行っている。

主な著書に，『クラスで使える！アサーション授業プログラム「自分にも相手にもやさしくなれるコミュニケーション力を高めよう」』(遠見書房，2018)，『認知行動療法による対人援助スキルアップ・マニュアル』(遠見書房，2010)，『マイナス思考と上手につきあう認知療法トレーニング・ブック』(遠見書房，2012)，『対人援助職に効くストレスマネジメント』(中央法規，2014)，『心理学者に聞くみんなが笑顔になる認知症の話』(遠見書房，2016)，『対人援助の作法』(中央法規，2018)，『一人で学べる 認知療法・マインドフルネス・潜在的価値抽出法ワークブック』『同 セラピスト・マニュアル』(遠見書房，2021)，など多数。

共同開発者　松尾　理沙　沖縄大学人文学部こども文化学科
　　　　　　太田　真貴　国立病院機構鳥取医療センター
イラスト　　大塚美菜子　香川大学保健管理センター

クラスで使える！
ストレスマネジメント授業プログラム
『心のメッセージを変えて気持ちの温度計を上げよう』

2015 年 3 月 25 日　第 1 刷
2022 年 2 月 25 日　第 4 刷

著　者　竹田伸也
発行人　山内俊介
発行所　遠見書房

〒 181-0002 東京都三鷹市牟礼 6-24-12
三鷹ナショナルコート 004
TEL 0422-26-6711　FAX 050-3488-3894
tomi@tomishobo.com　http://tomishobo.com
遠見書房の書店　https://tomishobo.stores.jp/

印刷　太平印刷社・製本　井上製本所

ISBN978-4-904536-86-5　C0011

©Takeda Shinya 2015
Printed in Japan

遠見書房

※心と社会の学術出版　遠見書房の本※

＝一般向けのセルフヘルプ本＝

一人で学べる
認知療法・マインドフルネス・
潜在的価値抽出法ワークブック
生きづらさから豊かさをつむぎだす作法

竹田伸也著

ISBN978-4-86616-127-3　C0011　定価 1,320 円

専門的な心の臨床からちょっとした問題解決まで，さまざまな場面で使われる認知行動療法。その技法をもとに，生きづらさから豊かさをつむぎだす。この本は，そのための作法を，楽しく，わかりやすく一人で学べるワークブックです。

＝臨床家向け読本＝

『認知療法・マインドフルネス・潜在的価値抽出法ワークブック』
セラピスト・マニュアル

竹田伸也著

ISBN978-4-86616-128-0　C3011　定価 1,980 円

第一世代から第三世代の認知行動療法を独習可能で使いやすくした『ワークブック』の特徴，理論，ポイントなどを専門家向けに書いた本です。潜在的価値抽出法という「豊かさ」をキーワードにした新しい認知行動療法についても詳述がされています。臨床場面で使われる前にぜひご一読ください。

働く人びとのこころとケア
介護職・対人援助職のための心理学

山口智子編

産業心理学の理論と臨床実践を紹介しながら，人びとが生き生きと働くためには，どのようなことが役立つのか。対人支援の現場を中心にした，新しい産業心理学を模索する 1 冊。2,860 円，A5 並

認知行動療法による
対人援助スキルアップ・マニュアル

竹田伸也著

認知行動療法のテクニックで対人援助の仕事がうまくなる，楽しくなる。援助，セルフケア，仕事仲間とのコミュニケーションなど，悩みがちな場面でのさまざまなスキルを大紹介。2,420 円，四六並

価格は税込です

遠見書房

※心と社会の学術出版　遠見書房の本※

＝一般向けのセルフヘルプ本＝

マイナス思考と上手につきあう
認知療法トレーニング・ブック
竹田伸也著

ISBN978-4-904536-42-1　C0011　定価 1,100 円

『セラピスト・マニュアル』の本編。だれもが認知療法の恩恵を受けられるようにと，開発されたわかりやすく，つかいやすい 1 冊です。うつや不安などのマイナス思考を上手にしのいでいくためにできるメソッドをまとめました。書き込み可能なワークシートもついてますので当事者の方はもちろん，クライエントを見守る臨床家も認知療法の「課題（宿題）」としても利用可能です。

＝臨床家向け読本＝

『マイナス思考と上手につきあう 認知療法トレーニング・ブック』
セラピスト・マニュアル
竹田伸也著

ISBN978-4-904536-43-8　C3011　定価 1,980 円

『マイナス思考と上手につきあう 認知療法トレーニング・ブック』を臨床場面で使うためのノウハウをわかりやすくまとめたものが「セラピスト・マニュアル」。課題だけでなく，臨床実践にかかわる細かいことまで，本書には記されていますので，認知療法の手引きとしても実用的。臨床家の方はこちらの本もお読みください。

心理学者に聞く
みんなが笑顔になる認知症の話
正しい知識から予防・対応まで
竹田伸也 著
本人・家族・支援者のために書かれた高齢者臨床を実践し介護にも関わる心理学者ならではの，予防と対応のヒント集です。1,540 円，四六並

イライラに困っている子どものための
アンガーマネジメント　スタートブック
教師・SC が活用する「怒り」のコントロール術
佐藤恵子著
イライラが多い子は問題を起こすたびに叱責をされ，自尊心を失う負のスパイラルに陥りがち。本書は精力的に活動をする著者による 1 冊。2,200 円，A5 並

価格は税込です

遠見書房

※心と社会の学術出版　遠見書房の本※

＝本書の姉妹版＝

クラスで使える！アサーション授業プログラム
『自分にも相手にもやさしくなれる
　　　コミュニケーション力を高めよう』
竹田伸也・松尾理沙・大塚美菜子著
ISBN978-4-86616-077-1　C0011　本体 2,860 円＋税

カウンセリングも大事だし，認知を修正するのも大事ですが，それとともに正しい自己主張である「アサーション」を育てることも大事です。この本で授業でアサーション・トレーニングをやってみましょう。プレゼンソフト対応の付録 CD-ROM と簡単手引きでだれでもアサーション・トレーニングが出来ます！

こころを晴らす 55 のヒント
臨床心理学者が考える　悩みの解消・ストレス対処・気分転換
　　　　竹田伸也・岩宮恵子・金子周平・
　　　　竹森元彦・久持　修・進藤貴子著
臨床心理職がつづった心を大事にする方法や考え方。生きるヒントがきっと見つかるかもしれません。1,870 円，四六並

**発達障害のある子どもの
性・人間関係の成長と支援**
関係をつくる・きずく・つなぐ
　　　　　　　（岐阜大学）川上ちひろ著
ブックレット：子どもの心と学校臨床(2)　友人や恋愛にまつわる悩みや課題。多くの当事者と周辺者の面接をもとに解き明かした 1 冊です。1,760 円，A5 並

**学校では教えない
スクールカウンセラーの業務マニュアル**
心理支援を支える表に出ない仕事のノウハウ
　　（SC／しらかば心理相談室）田多井正彦著
ブックレット：子どもの心と学校臨床(4) SC の仕事が捗る 1 冊。「SC だより」や研修会等で使えるイラスト 198 点つき（ダウンロード可）。2,200 円，A5 並

ママたちの本音とグループによる子育て支援
「子どもがカワイイと思えない」と言える場をつくる
　　（北星学園大学名誉教授）相場幸子著
子育てに悩む母親のためのグループ支援の活動記録の中から心に残るやりとりを集めた 1 冊。「母親なら子どもためにすべてを犠牲すべき」などの社会の，母親たちの本当のこころ。1,980 円，四六並

精神の情報工学
心理学×IT でどんな未来を創造できるか
　　（徳島大学准教授）横谷謙次著
機械は心を癒せるか？──本書は画像処理・音声処理・自然言語処理技術の活用，ネットいじめの社会ネットワーク分析など，心理学と情報工学の融合を見る最先端の心理情報学入門。1,980 円，四六並

ACT マトリックスのエッセンシャルガイド
アクセプタンス＆コミットメント・セラピーを使う
　　　　　　　K・ポークら著／谷　晋二監訳
本書は，理解の難しい ACT 理論を平易に解き明かし，実践に役立てられる 1 冊で，誰でも明日から使える手引きとなっている。15 種類のワークシートつき。5,390 円，A5 並

価格は税込です